I0883009

spot

ANIMALES AFRICANOS

LOS COCODRILOS

por Mary Ellen Klukow

AMICUS | AMICUS INK

pata

cola

Busca
estas palabras
e imágenes
mientras lees.

escamas

mandíbula

¿Ese es un tronco?

¡No!

¡Es un cocodrilo!

Los cocodrilos viven en el agua.
Se quedan al sol para calentarse.

Mira las escamas.
Son escamas de hueso.
Son duras.

Mira la cola. ¡Swish!
El cocodrilo la usa para nadar.

cola

mandíbula

Mira la mandíbula. Los cocodrilos no pueden masticar. Pero su mordida es fuerte. Las presas no pueden escapar.

Mira la pata.
Tiene tres garras.
Puede escarbar un nido.

pata

Los padres llevan a los
bebés al agua.
Los llevan dentro de su hocico.